Inhalt

Basel III - Auswirkungen auf die Finanzierung deutscher Unternehmen

Kernthesen

Beitrag

Fallbeispiele

Weiterführende Literatur

Impressum

ized: small'>
Basel III - Auswirkungen auf die Finanzierung deutscher Unternehmen

Gerhard Dengl

Kernthesen

- Das Regulierungsvorhaben Basel III steht in der Kritik, das Finanz- und Banksystem nur begrenzt sicherer zu machen, jedoch in jedem Fall teurer. Leidtragende wären kreditsuchende Unternehmen.
- Auch wenn die Erwartungen der Experten auseinandergehen, so scheinen doch speziell großvolumige und langfristige Finanzierungen betroffen zu sein. Besonders nachteilig wäre das für den Mittelstand, der oft keine geeignete Alternative zum

Bankkredit hat.
- Unglücklich an der neuen Regulierung ist außerdem, dass sie Widersprüche aufweist, was ihre Akzeptanz empfindlich behindert.

Beitrag

Befürchtung: Finanzierungen werden durch Basel III teurer

Basel III ist das weitreichendste Regulierungsvorhaben, das der finanzielle Sektor bisher gesehen hat. Es konsolidiert die Anforderungen von Basel II und treibt diese weiter. Unterm Strich werden Banken stärker reguliert als vorher. Das Ziel der Bemühungen ist es, einen stabileren Finanzsektor zu gestalten als vor der Finanzkrise, die 2007 ihren Anfang nahm. Ob das gelingt, steht in den Sternen. Aus Sicht deutscher Unternehmen ist von Interesse, wie unterschiedlich und teils widersprüchlich sich Basel III auf die Finanzierung und die Kreditvergabe der Banken auswirkt. Von einigen dieser Auswirkungen können Unternehmen profitieren, unter anderen werden sie zu leiden haben. (3)

Die größte Angst, die aus Unternehmenssicht mit

Basel III verbunden ist, besteht darin, dass sich Kredite verteuern, weil die Banken mehr qualitativ hochwertiges Kapital hinterlegen müssen. Diese Angst ist nicht vom Tisch zu wischen und wird von Experten verschiedenster Couleur auch bestätigt. Es besteht ein Minimalkonsens darin, dass sich besonders großvolumige und langfristige Finanzierungen wahrscheinlich verteuern werden. Genau in diesem Bereich müssen Banken und Unternehmer daher findig sein und mit cleveren Alternativen aufwarten. Die Konsortialfinanzierung oder der Einsatz bestimmter Pfandbriefe zeigt hier erste Möglichkeiten auf. (8), (5), (9)

Finanzierung über Schattenbanken

Das Kreditgeschäft ist in Deutschland grundsätzlich durch das Kreditwesengesetz geregelt, welches nun wegen Basel III in bestimmten Bereichen überarbeitet werden muss. Aber auch das aktualisierte Gesetz deckt nicht alle Formen der Kreditvergabe ab. So wird es den so genannten "Schattenbanken", dazu zählen beispielsweise einige Hedgefonds, weiterhin möglich sein, Quasi-Kreditgeschäfte zu betreiben. Es mangelt noch am geschickten Marketing, aber aus diesem Bereich werden mittelfristig die attraktivsten Finanzierungsangebote kommen. Diese werden sich die Kunden aber wahrscheinlich mit einer höheren Komplexität der Finanzkonstruktionen und weniger Flexibilität erkaufen müssen. Auch wenn dies von der Bankenaufsicht nicht beabsichtigt ist, so ist es doch absehbar: Wenn Kredite im regulierten Sektor zu teuer werden, gewinnt der unregulierte Sektor an Attraktivität. (3)

Wachstum von B2B-Finanzierungen

Eine weitere Möglichkeit eine als teuer empfundene Finanzierung über eine Bank zu vermeiden, ist die Business-to-Business-Finanzierung. Hierbei gewährt ein Unternehmen einem anderen einen Kredit. In gewissem Rahmen wird das heute bereits praktiziert, zum Beispiel als "Lieferantenkredit". Hier ist eine Ausweitung zu erwarten. Solange dies in einem angemessenen Rahmen bleibt, wird die Bankenaufsicht auch nicht intervenieren, da die damit einhergehenden Kreditrisiken tendenziell stärker diversifiziert sind. (3)

Motivation zur Vergabe riskanter Kredite aufgrund der Leverage

Ratio

Zu den größten Errungenschaften von Basel II zählt die Tatsache, dass riskante Kredite mit mehr Eigenkapital zu unterlegen sind und weniger riskante durch weniger Eigenkapital. Auf diese Weise wollte man Banken "erziehen", nur so viel Risiko einzugehen, wie sie auch Kapital vorhalten können. Der Gedanke ist immer noch richtig, allerdings hat sich in der Praxis gezeigt, dass Banken die Komplexität der Anforderung immer wieder dazu nutzen konnten, eben doch hohe Risiken einzugehen, für die sie nicht das entsprechende Eigenkapital zur Verfügung hatten. Mit Basel III will man nun diesem Wildwuchs Einhalt gebieten und führt mit der Leverage Ratio wieder eine risikounabhängige Kennzahl ein. Diese wird zwar voraussichtlich erst in ein paar Jahren "scharf geschaltet", aber sie entfaltet bereits jetzt eine unerwünschte Signalwirkung. Wenn eine Bank nämlich insgesamt nur eine bestimmte Menge an Krediten vergeben kann, so ist es sinnvoll, besonders riskante Kredite auszuwählen, weil hier die Rendite höher ist. Das könnte zu einem großen Vorteil für Kreditsuchende werden, die bisher als zu riskant eingestuft wurden. Kredite für Unternehmensgründungen oder generell für Innovationen sollten zukünftig leichter zu bekommen sein. (4)

Trends

Immer mehr Konsortialfinanzierungen

Im vergangenen Jahr stiegen die Investitionen in Portfolien von Gewerbe- und Wohnimmobilien um 25 Prozent auf insgesamt 36 Milliarden Euro. Das überrascht etwas, denn die Finanzierungsbedingungen für großvolumige Immobilienportfolios haben sich nachhaltig verschlechtert. Den Weg, der durch Basel II begonnen wurde, geht die Aufsicht konsequent weiter. In ihrer Bemühung, das Bankensystem sicherer zu machen, werden Finanzierungen über den Umweg der Kapitalkosten, immer teurer. Davon sind aber nicht alle Finanzierungen gleichermaßen betroffen. Die riskanten werden überproportional teurer, und dazu zählen erfahrungsgemäß die großvolumigen Finanzierungen. Als Ausweg bietet sich hier natürlich die Verteilung der Lasten auf mehrere Schultern an. Das ist der Grund, warum sich Konsortialkredite steigender Beliebtheit erfreuen. Sie sind zwar mit einem höheren Abstimmungsaufwand verbunden, haben aber verschiedene Vorteile: Wenn eine einzige Bank das Risiko scheut, den gesamten Kredit allein zu vergeben, kommt die Kreditvergabe eben über eine

Gruppe von Banken zustande. Aus Unternehmenssicht ist das auf jeden Fall besser, als überhaupt keinen Kredit zu erhalten. Da werden im Zweifelsfall die leicht höheren Kosten in Kauf genommen. (1)

Pfandbriefe für Banken besonders attraktiv

Für die Refinanzierung von Banken dürfte es auf absehbare Zeit nur wenige attraktive Alternativen zum Pfandbrief geben. Dieses Instrument genießt eine starke Privilegierung, was Risikogewichte und Anrechenbarkeit im Liquiditätspuffer angeht. Es lohnt sich für jede Bank, über die Ausgabe von Pfandbriefen nachzudenken. Dies ist zum einen für institutionelle Investoren wichtig, die sich hier auf ein größer werdendes Angebot und damit sinkende Preise einstellen können. Auf der anderen Seite bedeutet es, dass Kredite, die deckungsstockfähig sind, von Banken bevorzugt vergeben werden. Dazu zählen in jedem Fall eher standardisierte und weniger individualisierte Kreditverträge und ansonsten grundsätzlich langlaufende und großvolumige Kredite. (2)

Fallbeispiele

Keine Kreditverteuerung bei der Frankfurter Volksbank

Mit der Angst um eine Kreditverteuerung durch Basel III lässt sich auch Werbung machen, wie das Beispiel der Frankfurter Volksbank zeigt. Sie verspricht ihren mittelständischen Kunden ganz explizit, dass die Kreditkosten nicht durch die Anforderungen aus Basel III steigen werden. Der Grund: Die Bank erfüllt bereits heute die Kapitalanforderungen, die im Prinzip erst 2019 erfüllt werden müssen. So verfügt sie beispielsweise bereits heute über eine Kernkapitalquote von 17,7 Prozent, während selbst in der Endausbaustufe nur sieben Prozent gefordert sind. (6)

Spezialfall Flugzeugpfandbrief

Obwohl der Pfandbrief an sich ein durch Basel III privilegiertes Finanzinstrument ist, gilt das nicht für alle Gattungen. Pfandbriefe auf Immobilien und Schiffe werden wohl in Zukunft günstiger sein, was sich letzten Endes positiv auf die Finanzierung solcher Objekte auswirkt. Flugzeuge sind von der

Privilegierung bisher allerdings ausgenommen, ohne dass dafür ein nachvollziehbarer Grund besteht. Für die Vergabe von Pfandbriefen gelten in allen drei Fällen nahezu identische gesetzliche Vorgaben, daher irritiert die unterschiedliche Behandlung durch Basel III die Branche. (7)

Weiterführende Literatur

(1) Konsortialfinanzierung als Antwort auf Basel III Kooperative Finanzierung großvolumiger Portfolios wird zunehmen - Lohnend für alle Beteiligten - Ausgewogenere Risikoverteilung bei Banken möglich aus Börsen-Zeitung, 09.03.2013, Nummer 48, Seite B3

(2) Pfandbriefe werden zu Recht privilegiert Unerwünschte Nebenwirkungen der europäischen Regulierung prüfen und beseitigen - Konstruktive Gespräche mit der Politik
aus Börsen-Zeitung, 09.03.2013, Nummer 48, Seite B1

(3) Paradigmenwechsel in der Finanzierungslandschaft
aus Börsen-Zeitung, 09.03.2013, Nummer 48, Seite 10

(4) Aktuelle Ansätze in der BankenregulierungDie Leverage Ratio - Beginn eines Paradigmenwechsels in der Bankenregulierung? Quellenverzeichnis und weiterführende Literaturhinweise:Adrian, Tobias/Shin, Hyun Song (2008): Liquidity, Monetary

Policy, and Financial Cycles, Current Issues In Economics And Finance, Volume 14 Number 1, Federal Reserve Bank Of New York.
aus RISIKO MANAGER Nr. 25 vom 06.12.2012

(5) Re-Regulierung des Bankensystems - Stand und Perspektiven
aus Zeitschrift für das gesamte Kreditwesen 01 vom 01.01.2013 Seite 23

(6) Wunsch-Weber: Basel III macht Kredite nicht teurer Frankfurter Volksbank erfüllt bereits die Vorgaben
aus Börsen-Zeitung, 25.01.2013, Nummer 17, Seite 5

(7) Der Flugzeugpfandbrief und alternative Investmentmöglichkeiten für institutionelle Anleger
aus Zeitschrift für das gesamte Kreditwesen 03 vom 01.02.2013 Seite 122

(8) Langfristige Kreditlücke bedroht Wachstum
aus Frankfurter Allgemeine Zeitung, 12.02.2013, Nr. 36, S. 17

(9) Viele Geldgeber klopfen an die Tür des Mittelstands
aus Frankfurter Allgemeine Zeitung, 13.02.2013, Nr. 37, S. 15

Impressum

Basel III - Auswirkungen auf die Finanzierung deutscher Unternehmen

Bibliografische Information der deutschen Nationalbibliothek

Die Deutsche Nationalbibliothek verzeichnet diese Publikation in der deutschen Nationalbibliografie; detaillierte bibliografische Daten sind im Internet über http://dnb.d-nb.de abrufbar.

ISBN: 978-3-7379-0530-5

© 2015 GBI-Genios Deutsche Wirtschaftsdatenbank GmbH, Freischützstraße 96, 81927 München, www.genios.de

Alle Rechte vorbehalten. Dieses Werk ist einschließlich aller seiner Teile – z.B. Texte, Tabellen und Grafiken - urheberrechtlich geschützt. Jede Verwertung außerhalb der Grenzen des Urheberrechtsgesetzes bedarf der vorherigen Zustimmung des Verlags. Dies gilt insbesondere auch für auszugsweise Nachdrucke, fotomechanische

Vervielfältigungen (Fotokopie/Mikroskopie), Übersetzungen, Auswertungen durch Datenbanken oder ähnliche Einrichtungen und die Einspeicherung und Verarbeitung in elektronischen Systemen.